« Contre les gourous de la croissance »

DANS LA COLLECTION « ENTRETIEN » :

- *« Ils nous ont dit : Vous êtes fous ! »,*
  avec Maurice Kriegel-Valrimont, 2013
- *« L'égalité c'est la santé »,*
  avec Richard Wilkinson, 2015.
- *« Remporter la bataille des idées »,*
  avec Antonio Gramsci, 2015.

ET AUSSI, CHEZ FAKIR ÉDITIONS :

- *Les Yé-quoi ?, les yézides du Sinjar à la Picardie*
  Vincent Bernardet et Sibylle Luperce, 2015.
- *Comment ils nous ont volé le football,*
  Antoine Dumini et François Ruffin, 2014.
- *« Pauvres actionnaires ! » Quarante ans de discours économique du Front national passés au crible,*
  François Ruffin, 2014
- *Faut-il faire sauter Bruxelles ?,* François Ruffin, 2014
- *Hector est mort*, François Ruffin, 2013
- *Vive la banqueroute!*
  sous la direction de François Ruffin
  et Thomas Morel, 2013

François Ruffin

« Contre les gourous de la croissance »

Entretien avec Jean Gadrey, économiste.

Fakir Éditions

Ce livre est publié avec le soutien
du conseil régional de Picardie.

Qui sommes-nous ?

Liée à aucun parti, aucun syndicat, aucune institution, fâchée avec tout le monde ou presque, l'association Fakir est basée à Amiens depuis 1999.

On espère fournir, d'abord par notre journal, ensuite par nos vidéos, notre site internet, nos livres, nos débats, une information rigolote sur la forme mais sérieuse sur le fond, combative mais pas sectaire.

Notre adresse : Association Fakir
4, rue Blanquetaque – 80 000 Amiens
Notre numéro de téléphone : 03 22 72 64 54
Pour nous écrire : contact@fakirpresse.info
Le site internet du journal : www.fakirpresse.info

PROLOGUE

Un économiste contre le dogme

> Nous devons faire en sorte que la croissance soit plus élevée en 2016. Mais rien qu'en 2015 nous aurons une croissance supérieure à 1 %. Je ne m'en satisfais pas car chacun sait ici que s'il n'y a pas 1,5 % de croissance, voire d'avantage, il ne peut pas y avoir suffisamment de créations d'emplois pour faire baisser durablement le chômage. Mon objectif c'est la baisse du chômage.
>
> Et la baisse d'impôt c'est une façon aussi d'atteindre plus de croissance parce que s'il y a plus de consommation, s'il y a plus de confiance, il y aura plus de croissance. Donc tout est lié à la croissance. Mais la croissance elle peut aussi nous aider à avoir des baisses d'impôts et les baisses d'impôts à avoir plus de croissance...

C'est une allocution ordinaire de François Hollande, ce jeudi 20 août 2015. En moins de deux minutes, le président de la République y répète vingt fois le mot « croissance », comme un mantra, « croissance croissance croissance », on croirait un gourou qui tente de nous hypnotiser.

Il y a quelque chose d'à la fois pathétique et de comique dans ces discours qui se répètent, depuis bientôt quarante ans, presque à l'identique (voir encadré). Chez ces dirigeants qui courent après une « croissance » qui ne revient jamais. Qui guettent le ciel financier comme des météorologues, dans l'espoir d'un coin de ciel bleu. Qui ouvrent les entrailles de la relance comme des pythies. Qui réclament de nous une « attitude », un « comportement », un « état d'esprit » – comme si c'était nous qui l'effrayions, cet étrange oiseau, avec notre psychologie trop négative.

Comique, donc, par la répétition du même gag. Mais pathétique, aussi, parce que c'est l'un des biais qui rend la politique dérisoire depuis tant d'années. Nous ne pourrions rien faire, ou si peu, du symbolique, nos gouvernements ne pourraient rien changer sans, d'abord, cette croissance. C'est le meilleur prétexte, le plus formidable, pour repousser à toujours plus tard les réformes progressistes.

Qu'on tombe, par hasard, sur une édition du *Monde économie* et qu'y lit-on ? En Une, la tête de Nicolas Baverez, avec pour titre : « Un agenda pour la croissance en Europe ». Plus loin, une opinion de Pierre Jacquet, de l'agence française du développement : « La diversification des exportations, moteur de la croissance africaine ». On continue à feuilleter, la chronique habituelle de Martin Wolf s'intitule : « L'Europe doit agir vite pour renouer avec la croissance ».

Contre ces mille bouches, qu'on remette la politique avant l'économique. Qu'on redonne à la démocratie sa prééminence : « Nous n'attendrons pas la croissance pour imposer une véritable égalité, pour démarrer la transition écologique, pourrions-nous proclamer. Ces choix communs, nous ne les conditionnons pas, nous ne les mettons pas à la remorque d'une hausse ou non du PIB. » Croyons-nous qu'ils avaient l'œil rivé sur la productivité, lorsqu'ils bouleversaient la France, les révolutionnaires de 1793, ou nos papys du Front Populaire ?

Et les syndicats eux-mêmes, jusqu'aux années 1970, ne se laissaient pas avoir à cet attrape-nigaud...

C'est muni de ces réflexions que, au printemps 2012, avec Antoine Dumini, nous avons rencontré Jean Gadrey, un économiste contre LE dogme.

Bio express

Né en 1943, Jean Gadrey est Professeur d'économie à l'Université Lille I, spécialiste des services et des indicateurs de richesse.

Membre du conseil scientifique d'Attac, engagé pour le « non » au Traité Constitutionnel de 2005, et collaborateur à *Alternatives économiques* et *Politis*, il a notamment publié *Adieu à la croissance* (Éditions Les Petits Matins - Alternatives économiques, 2010).

QUARANTE ANS DE « CROISSANCE »

« Le progrès, c'est d'abord la croissance. [...] Les derniers indices font apparaître la reprise d'une certaine croissance. Donc, la France est en train de sortir de la crise. »

Le président Valéry Giscard d'Estaing, 20 mai 1977.

« L'Europe unie est pour les Français une chance. Pour plus de croissance, donc pour plus d'emplois. [...] Avec une majorité de progrès, celle que nous avons, plus de croissance doit signifier plus de justice. »

Le président François Mitterrand, 19 juin 1990.

« L'on a cru il y a quelques années, et c'était vrai, que l'on était retourné à la croissance et qu'on allait voir s'éloigner le chômage, toutes les formes de récession, de politique de rigueur. Beaucoup de Français ont beaucoup espéré dans la croissance. »

Le président François Mitterrand, 10 novembre 1991.

« On attend, on annonce encore d'ailleurs, pour le mois prochain, dans deux mois, dans six mois, un retour à la croissance. Qui met du temps, voilà. Cela désespère un peu les gens, mais la France, grâce à cette politique menée notamment par M. Bérégovoy, s'est mise dans la situation, tout le monde le reconnaît dans le monde, la meilleure pour saisir au passage tout phénomène de croissance possible. Mais comme cette croissance ne se produit pas, ou pas assez, on a le droit de dire et de s'interroger : "Après tout, est-ce que cette politique était la bonne ?" On est injuste. »

Le président François Mitterrand, 9 novembre 1992.

« Je voudrais vous dire que cette croissance qui nous fait aujourd'hui défaut, ce n'est pas quelque chose que l'on peut implorer, ce n'est pas quelque chose que l'on ne peut qu'attendre et qui viendrait comme cela de l'extérieur. La croissance ce n'est pas un mythe, la croissance il ne faut pas l'attendre, il faut la faire, elle est entre les mains de chacun d'entre nous. [...] Ce que je veux, c'est que les Français aient petit à petit conscience que la croissance c'est le résultat de leur propre comportement. »

Le président Jacques Chirac, 14 juillet 1996.

« Depuis trois ans, ce que l'on a fait, c'est de s'abstenir de toute initiative qui pourrait freiner la croissance, et ce résultat a été positif. La croissance est insuffisante, mais nous sommes au sommet de la croissance de la zone euro. Alors, à partir de là, ce qu'il faut, cette croissance revenant, c'est l'exploiter.

Cela exige en permanence une adaptation. Si la croissance se relève, on peut aller plus vite, plus fort, plus loin. Si, au contraire, la croissance baisse, il faut s'adapter... »

Le président Jacques Chirac, 3 mai 2005.

« Depuis deux ans et demi nous avons voulu réhabiliter le travail pour avoir plus de croissance, rétablir la compétitivité de nos entreprises pour créer davantage de richesses, encourager l'innovation et le progrès technique qui sont à la source de la croissance. »

Le président Nicolas Sarkozy, 6 janvier 2010.

« Il faut qu'on libère les forces de croissance. Il n'y a pas d'autre solution que celle de réduire les dépenses publiques. J'ajoute que la croissance naît du travail. En réduisant le travail, on réduit la croissance. En augmentant le travail, on augmente la croissance. C'est une illusion de croire qu'en augmentant toutes les dépenses, nous aurions plus de croissance. S'il suffit de dépenser plus que les autres pour avoir plus de croissance, nous serions les champions du monde de la croissance. »

Le président Nicolas Sarkozy, 13 janvier 2011.

« Nous avons une obligation, qui est de relever très rapidement les taux de croissance. C'est tout de suite qu'il convient d'agir pour la croissance. La position de la France est très simple : nous devons respecter notre ordre de marche pour réduire les déficits, mais nous devons mettre de la croissance. L'enjeu, c'est de mettre toutes les propositions pour la croissance sur la table. »

Le président François Hollande, le 23 mai 2012.

Premier entretien

Le vaudou des dirigeants

« Là, tous les travaux, les bulldozers, c'est pour le grand stade du grand foot lillois. » Jean Gadrey nous accueille à la sortie du métro « Cité Scientifique », à Villeneuve d'Ascq. Et d'emblée, il embraie :

« Pour ce grand projet, ils vont installer des parkings partout aux alentours, jusqu'à plus d'un kilomètre à la ronde... et même en plein cœur de l'université. Tout un symbole : ils vont faire de l'université un parking !

— Ça crée de l'emploi, *on le taquine.*

— C'est ce qu'ils disent. Pendant qu'ils le bâtissent, mais après...

— C'est de la croissance, *on le re-chatouille.*

— Mais pour quoi faire ? Pour que ce soit occupé quarante soirs par an ? Et à la place, c'est une troisième ligne de métro vers les quartiers populaires qui ne sera pas construite, ou des logements sociaux bien isolés... »

Nous voilà arrivés à son pavillon.

PRIER POUR LA CROISSANCE

Fakir : Je voudrais commencer par une déclaration de François Hollande, c'était au G8 :

> J'avais, au nom de la France, l'objectif de mettre la croissance au cœur des débats et de faire que cette dimension de croissance puisse trouver toute sa place dans toutes les réunions.
>
> Le président Obama a voulu que la croissance soit évoquée comme une manière de donner confiance aux opinions publiques, et aussi aux marchés. Mais je dois dire que dans le G8, cette volonté de croissance, même si chacun des participants pouvait y mettre ses propres mots, a été partagée.
>
> Voilà pourquoi je considère que ce G8 a été utile, fructueux, et permet d'envoyer un double message, un message de confiance et un message de croissance. Il n'y aura pas de croissance sans confiance. Il n'y aura pas de confiance sans croissance.

En moins d'une minute François Hollande prononce huit fois le mot croissance et quatre fois le mot confiance. Là, on est un peu dans l'incantation, l'invocation d'une puissance céleste, on lie le psychologique à l'économique…

“LE GÂTEAU QUI GROSSIT SANS CESSE, IL EST DE PLUS EN PLUS BOURRÉ DE SUBSTANCES TOXIQUES. PARTAGER UN GÂTEAU EMPOISONNÉ, QUI ÇA FAIT VRAIMENT SALIVER ?”

Jean Gadrey : C'est comme si l'on pratiquait le vaudou pour que la croissance revienne. Mais elle ne reviendra pas.

Nous vivons sur cette image du gâteau, le Produit intérieur brut (PIB), qui doit grossir. Et si ce gâteau ne grossit pas, on ne pourra pas en donner aux plus pauvres, même des miettes...

C'est une image excessivement trompeuse.

D'abord, à qui ont profité les dix années, 1997-2007, de croissance aux USA ? Ça s'est accompagné d'une stagnation, voire d'une régression, pour 90 % des ménages. Une très belle croissance, donc, mais qui ne profitait qu'aux 10 % et surtout aux 1 % les plus riches. Les parts étaient de plus en plus inégales.

Et surtout, le gâteau qui grossit sans cesse, il est de plus en plus bourré de substances toxiques, d'actifs toxiques. Il est de plus en plus empoisonné. Et donc, partager un gâteau empoisonné, qui ça fait vraiment saliver ?

Voilà ce que nous cachent les discours enflammés de Hollande, d'Obama et du G8 prônant le « retour à la croissance ». Jamais ils ne s'interrogent : n'y a-t-il pas contradiction entre la poursuite dans la voie du « toujours plus » et le règlement des grandes questions, du climat, de la biodiversité, ou de la pauvreté dans le monde ?

Surtout, c'est se tromper sur la crise en cours, sur ses causes. Cette crise est apparue aux États-Unis, puis elle a traversé l'Atlantique, après une période de belle croissance. C'est, d'une certaine façon, une crise de croissance.

Fakir : Avec cet appel à la croissance, c'est comme si on voulait signer un retour en arrière, simplement à avant la chute de Lehman Brothers. Et pourtant, en 2007 déjà, pendant la présidentielle d'alors, on avait Ségolène Royal qui prononçait soixante-dix fois le mot « croissance ». Elle lançait : « La croissance repartira de l'avant et la France se relèvera ». Alléluia ! Et à peine Nicolas Sarkozy élu, il nous promettait d'aller chercher un point de croissance supplémentaire...

J.G. : Avec les dents !

Fakir : ... alors qu'à l'époque, en 2006, en 2007, on avait déjà 2 % de croissance. C'était pas nul. C'est comme si, pour avoir du progrès social, il fallait atteindre et attendre des taux de croissance chinois, de 4, 5, 6 % !

Le souci, en ce moment, c'est qu'on se sent coincés. Face au refrain de l'austérité, par un mouvement de balancier, on prie pour la croissance...

J.G. : Mais vous pouvez avoir les deux, et vous l'aurez sans doute : la croissance privée dans l'austérité publique. Le sacrifice des biens communs par rapport aux biens privés. Des restrictions de budgets pour la santé, l'éducation, les retraites, bref, ce qui nous apparaît le plus précieux, et des encouragements à consommer des téléphones 4G, ou à construire des autoroutes.

LA BRANCHE DES ÉCONOMISTES

Fakir : C'est un dogme d'autant plus solide, d'autant moins contestable, que bien souvent même la gauche radicale le partage.

J.G. : La croissance est la plus forte des croyances économiques, elle traverse presque tous les courants de pensées politiques. Et tous les courants de la pensée économique...

Même les copains. Prenez les économistes atterrés. J'ai signé leur manifeste parce que, contre les dogmes libéraux, il cogne bien. Mais ils sont keynésiens, ils misent sur la croissance... Y compris certains qui disent : « Si on m'enlève la croissance, je ne peux plus rien faire. » Ils se sentent désarmés.

Pourtant, il y a deux Keynes. Y a le Keynes qui dit, en gros, « dans une situation de crise, de chômage, il faut relancer l'économie ». Et puis, il y a le Keynes qui écrit *Les Perspectives économiques pour mes petits-enfants.* Il estimait que, deux générations après la sienne, les hommes seraient environ huit fois plus riches qu'à son époque, et que, avec cette abondance matérielle - je vous le cite, c'est formidable :

> « Il sera temps pour l'humanité d'apprendre comment consacrer son énergie à des buts autres qu'économiques... L'amour de l'argent comme objet de possession, qu'il faut distinguer de l'amour de l'argent comme moyen de se procurer les plaisirs et les réalités de la vie, sera reconnu pour ce qu'il est : un état morbide plutôt répugnant, l'une de ces inclinations

> à demi-criminelles et à demi-pathologiques dont on confie le soin en frissonnant aux spécialistes des maladies mentales ! »

Mais les keynésiens d'aujourd'hui oublient ce Keynes là.

Je me souviens d'avoir débattu de ça avec Jean-Paul Fitoussi, il y a deux ans. Je lui ai dit : « Mais tu es bien keynésien, Jean-Paul ? Keynes, il a écrit ça... — Oui mais, Keynes, il s'est juste trompé d'un siècle. Dans un siècle on pourra raisonner comme ça. »

Évidemment, le Fitoussi de dans un siècle, il dira que c'est valable pour le siècle suivant et d'ici-là, l'humanité aura connu quelques problèmes...

Fakir : C'est comme s'il y avait un Keynes technicien...

J.G. : Voilà, un technicien de court terme, contre un Keynes philosophe...

Les économistes de gauche ne retiennent que le premier. Et pour eux, quand c'est la crise, c'est pas le moment de remettre en cause la croissance. Et quand ça va, eh bien, eh bien, c'est pas le moment non plus ! De toute façon, c'est jamais le moment...

Quand je discute avec ces collègues, je leur demande : « Mais, est-ce que vous connaissez un modèle qui permet de diviser les émissions de gaz à effet de serre par cinq d'ici 2050 et de quand même maintenir 2 % de croissance par an ? » Non, mais ils vous parlent des « technologies », qui vont permettre de tout résoudre comme par magie. Je ne leur dis pas comme ça mais, au fond, ils pensent comme Claude Allègre...

UN CONVERTI CONTRE LA CROISSANCE

Fakir : Mais vous aussi, vous êtes économiste. Comment vous en êtes venu, alors, à remettre en cause la croissance ?

J.G. : J'ai eu ma période marxiste dur, productiviste, au Parti communiste, la totale. En 1979, j'ai par exemple publié *Théorie économique libérale ou néo-classique*, aux Éditions sociales, qui étaient la maison du PCF.

Fakir : Et qu'est-ce qu'il pense de la croissance, le Gadrey de l'époque ?

J.G. : Sur la croissance, il n'écrit rien. Il se positionne contre le libéralisme économique, contre les théories libérales de l'économie : théorie de l'équilibre général, théorie néo-classique, la dérégulation etc. Mais la croissance il s'en fout ! Comme tout le monde ! Faut être au club de Rome pour s'intéresser à la croissance en 1970.

Fakir : Si, on peut trouver du John Stuart Mill, du Ivan Illitch...

J.G. : Et Jean-Pierre Dupuis, aussi. Mais tout ça, pour l'instant, ça ne fait pas partie de mes thèmes de recherches, ni même de mes interrogations.

“EST-CE QU’UN TOUBIB QUI RÉDUIT
LA DURÉE DE SES VISITES
GAGNE EN « PRODUCTIVITÉ » ?
NON. IL DIMINUE
SA QUALITÉ DE SERVICE.”

En 1972, quand paraît le rapport du Club de Rome, moi je faisais partie, comme tous les cocos de l'époque, comme toute la gauche, et en fait comme pratiquement tout le monde, de ceux qui dénonçaient le pessimisme de ces gens, ceux qui avaient perdu la foi dans le Progrès, ce Progrès qui nous avait tant apporté pendant les Trente Glorieuses... Il m'a fallu presque trente ans, trente années pas glorieuses, pour me dire que ces gens-là étaient géniaux.

J'appartenais aux productivistes. J'adhérais totalement à la théorie d'un marxisme dogmatique, qui affirmait que le travail productif était localisé dans l'industrie. Les autres activités se finançait sur le dos des surplus de l'industrie.

Mais à la fin des années 1970, puis dans les années 1980, je vais faire des activités de services mon domaine de recherche jusqu'à la fin de ma carrière universitaire, et ça a marqué une rupture. C'était la première rupture intellectuelle un peu forte pour quelqu'un, quand même, qui avait passé dix ans au PC, avec des aspects très ouvriéristes.

La deuxième chose que les services m'ont apporté, c'est la remise en cause de la croissance. Les économistes raisonnaient avec les « gains de productivité », et ça fonctionnait plutôt bien dans l'industrie, dans l'agriculture, avec des biens identifiables, en grandes séries, la technologie accélérant la production. Mais ce concept était totalement inadapté à la plupart des activités de service, comme l'éducation, la santé, le conseil, mais aussi le commerce, les banques, les assurances, toute une série d'administrations publiques, la justice et j'en passe. Qu'est-ce que c'est que la productivité d'un enseignant ? Qu'est-ce que c'est la productivité d'un toubib ? D'une sage-femme ? D'une aide-soignante ? En réalité, aujourd'hui, les entreprises tentent de réduire les coûts. Mais ça, c'est pas la productivité : les gains de productivité, c'est produire plus de choses de qualité égale. Est-ce qu'un toubib qui réduit la durée de ses visites gagne en « productivité » ? Non. Il diminue sa qualité de service.

Fakir : Mais s'il y a la mutualisation d'une secrétaire, que le temps de travail administratif est délégué à la secrétaire, là, on retrouve les gains de productivité ?

J.G. : Tout à fait. Mais le plus souvent, on demande juste aux personnels de réduire la qualité du service, et on fait passer ça pour de la productivité.

La troisième chose, à partir encore une fois des services, qui m'a pas mal interrogé, perturbé, influencé, c'est ce qui tourne autour du féminisme, l'égalité entre les femmes et les hommes. Je vis en couple avec une sociologue du travail, qui a énormément fait de recherches sur l'égalité professionnelle, le travail féminin. Alors voilà, par une sorte de tradition, de préjugés, les femmes étaient assignées aux services, dans la santé, à l'hôpital, pour les personnes âgées ou la petite enfance. Ces services, tant qu'ils étaient domestiques, n'entraient pas, n'entrent toujours pas, dans le calcul du PIB. Et lorsqu'ils sont devenus marchands, on les a valorisés comment ? Par du Smic, des temps partiels... Alors que ces services, une société devrait les valoriser : s'occuper de ses vieux parents ou de ses jeunes enfants, quoi de plus important ? Il y avait là une déconnection entre la valeur sociale et l'indice économique, qui sous estimait la part des femmes.

Christine Delphy appelle ça « la métaphore du poireau », et je doute qu'elle ait choisi ce terme au hasard. C'est-à-dire que le mec qui cultive son poireau dans son jardin, y a une estimation de la valeur ajoutée de sa production. Mais sa nana qui cuisine le poireau, là, ça disparait ! C'est pas comptabilisé du tout.

Ça, sans ma femme, je ne l'aurais pas forcément découvert. C'est tellement invisible. On passe à côté si on n'a pas quelqu'un pour nous aider. Moi, je n'aurais pas trouvé des bouquins de Simone De Beauvoir à la maison si je n'avais pas été marié. Donc dans les parcours intellectuels, il y a des hasards, des rencontres, qui jouent.

Fakir : Et l'environnement, quand est-ce que ça entre en ligne de compte ? Le fait que, par exemple, les catastrophes soient valorisées dans le PIB ?

J.G : Ça va vous décevoir mais, là encore, c'est pas venu par l'Erika ou une marée noire, mais par de la théorie.

Je devais rédiger un rapport sur « le bilan des nouveaux indicateurs de richesse », qui florissaient au début des années 2000. Je m'étais intéressé à l'Indice de développement humain (IDH) des Nations Unies, à l'indicateur de santé sociale, aussi, aux États-Unis, qui signalait une déconnection, depuis la révolution conservatrice, entre croissance et bien-être. Ça me passionnait.

Fakir : Mais à ce moment-là, en gros, y a zéro écologie ?

J.G. : On peut dire ça, c'était pas mon truc. Et ma femme n'était pas écolo !

Mais à ce moment-là, j'ai découvert, un peu tout seul, les indicateurs d'empreintes écologiques, qui m'ont mis sur le cul ! Ils montraient que, en gros, l'humanité utilisait chaque année, à l'époque, 20 % ou 25 % de ressources naturelles en plus de ce que la planète pouvait recycler. Aujourd'hui, c'est plus de 50 %. J'avais jamais entendu parler du GIEC (Groupement intergouvernemental sur l'évolution du climat), j'ai commencé à regarder ça, et en un an j'ai viré ma cuti. En me disant : « Comment ai-je pu passer à côté de tout ça, alors que c'est si important ? » Et c'est devenu chez moi une préoccupation, voire une angoisse quand je songe à mes petits-enfants...

Fakir : Finalement, tout ce que tu énonces comme étant une découverte à ton époque, une quinzaine d'années plus tard, c'est devenu un lieu commun. À la fois dans le discours politique et dans l'univers intellectuel, les rapports du GIEC, les nouveaux indicateurs de richesses, ce sont presque des banalités. Ça veut dire, quand même, tous les problèmes ne sont pas résolus, mais y a une évolution : tu étais à l'avant-garde et finalement, maintenant, ton diagnostic d'alors est partagé...

J.G. : Oui, il y a une « prise de conscience », on dira, partielle, et peu suivie d'actions. Ça fait un motif d'optimisme parmi pas mal de signaux pessimistes. Parce que la croissance, par exemple, le dogme demeure...

Une histoire du dogme

Fakir : Est-ce qu'on pourrait faire un historique, justement, de ce dogme, de comment la croissance s'est installée dans les têtes ?

J.G. : Oui, en effet, car c'est une invention...

Fakir : Première question : quand est-ce que naît la croissance, en tant que réalité économique ?

J.G. : En gros, les niveaux de vie moyens dans le monde n'ont presque pas bougé entre l'an 0 et le XVIIe siècle. Le premier pays, d'après les historiens, ayant connu un peu de croissance aurait été les Pays-Bas au XVIIe.

C'est la division du travail, à partir du XVIIIème siècle, qu'Adam Smith étudie dans la manufacture des têtes d'épingles, qui va engendrer des gains de productivité, faire exploser les quantités produites.

C'est dans cette période, entre 1800-1850, que naît l'idée de croissance, à défaut du terme, puisqu'on parle d' « augmentation des quantités », ou de « rendements », de choses comme ça...

Fakir : Ensuite, deuxième question : quand apparaît la mesure de cette croissance, avec des indicateurs comme le PIB ?

J.G. : Ça date du XXe siècle. C'est une invention récente.

Les premières mesures de la croissance, non pas dans un domaine, « l'automobile », « le blé », etc., mais nationales, les premières mesures, ce sont les années 1930 aux États-Unis. Et en France, c'est au tournant des années 1950 que la comptabilité nationale s'installe définitivement. Avec un grand consensus entre des catholiques, des gaullistes, des communistes, pour la reconstruction, avec la conviction que, si la France a vécu la débâcle en 1940, c'est qu'elle ne produisait pas assez. L'obsession de ces gens-là, c'est : « La France a perdu la guerre, parce qu'elle n'avait pas les capacités productives ». Mais quand les innovateurs, dans l'après-guerre, allaient présenter ça au ministère, auprès de l'élite de la finance publique, on les prenait pour des rigolos. Il a fallu des années, l'appui de Mendès-France, le rôle de *L'Express*, pour que cette innovation prenne.

On s'inspire alors en partie des méthodes soviétiques, en privilégiant la production matérielle par rapport aux services. Il a fallu trente ans, en 1976, pour que la santé, l'éducation, soient intégrés dans le PIB.

Fakir : Enfin, quand est-ce que la mesure de cette croissance devient la mesure du progrès ?

J.G. : Un fétiche ?

Fakir : Voilà.

AU FOND, IL Y AVAIT
UNE SORTE DE DEAL :
« D'ACCORD, JE CONTINUE
À T'EXPLOITER, TES CONDITIONS
DE TRAVAIL NE SONT PAS TERRIBLES,
MAIS LES GAINS DE PRODUCTIVITÉ
VONT ÊTRE CORRECTEMENT
RÉPARTIS »

J.G. : Il faut le noter, aux États-Unis, en URSS, comme en France, c'est dans une situation de crise ou de guerre, de reconstruction, que les questions de croissance prennent le plus d'importance politique et symbolique.

On a parlé d'une alliance de la CGT et des polytechniciens. Déjà parce qu'il y avait la reconstruction, l'idée d'une union sacrée, au-delà des divergences de classes. L'ambiance générale était « il faut produire, il faut produire ». C'était « la bataille du charbon », « du logement », et ce n'est pas moi qui vais les critiquer. Vraiment pas. La France est alors à genoux. D'après les historiens, 74 départements ont servi de champs de bataille. La production industrielle ne représente que 29% du niveau de 1929 !

Après vient la période des « Trente Glorieuses », pas si glorieuses à bien des égards. Mais qui a été célébrée, à droite comme à gauche, encore plus à gauche, comme un moment de « partage des fruits de la croissance ». Au fond, il y avait une sorte de deal : « D'accord, je continue à t'exploiter, tes conditions de travail ne sont pas terribles, y a des OS, mais les gains de productivité vont être correctement répartis ».

Fakir : C'est la base d'un consensus social.

J.G. : Y avait des combats, sur les salaires, etc., mais en effet, c'était le fondement d'un compromis – qui portait sur « le pouvoir d'achat », « le niveau de vie ». Et ces catégories sont aujourd'hui devenues des institutions.

Quand on les remet en cause aujourd'hui, quand

on dit « mais, il n'y a pas que le pouvoir d'achat dans la vie. Par exemple, vous pourriez rendre les premiers litres d'eau gratuite, et proposer de même plus de gratuité pour les transports, pour l'énergie, ça améliorerait la justice sociale, la qualité de vie », les candidats ont l'impression que l'électorat les fuirait.

LA GAUCHE SANS LA CROISSANCE

Fakir : Même dans la gauche critique. Si on regarde le Front de gauche, la revendication mise en avant, c'est : « Le Smic à 1 700 euros. »

J.G. : Je suis pour. Mais pas besoin de croissance pour ça.

Or, il y a deux jours, Jacques Généreux, le *chief economist* du Front de gauche, expliquait comment il comptait y parvenir. Je le cite : « Pour les petites entreprises, nous ferons en sorte qu'il n'y ait aucun choc en trésorerie, c'est-à-dire que pendant les années de transition nécessaires pour qu'on soit dans le nouveau régime de croissance, de gains de productivité, qui permettent de supporter normalement ce nouveau coût du travail, ça ne coûterait absolument rien à ces petites entreprises… »

Ça, c'est préoccupant pour quelqu'un comme moi, parce que Jacques Généreux raisonne encore avec le schéma de pensée du « gâteau qui doit grossir ».

Je trouve dommage que le Front de gauche ne reprenne pas, au fond, le vieil argument de l'économiste John Stuart Mill, dont je suis fan : « C'est seulement dans les pays retardés du monde que l'accroissement de la production est un objectif important : dans les plus avancés, ce dont on a besoin sur le plan économique est une meilleure répartition. » Et cela date de... 1848 ! C'est le grand-père de l'écologie politique.

Or, la hausse du salaire minimum, la retraite à 60 ans, on peut le faire sans croissance. Simplement en distribuant mieux. Le Smic brut à 1 700 euros, soit 21 % d'augmentation, c'est quinze milliards d'euros en plus à verser. Les bénéfices non-réinvestis des entreprises, essentiellement des dividendes, c'est cent milliards d'euros. Y a une marge de manœuvre.

AVEC QUELLES FORCES SOCIALES ?

Fakir : Quel est votre modèle, alors ? Qu'est-ce qu'on fait ?

J.G. : Il faut arrêter la voie du « toujours plus ».

Fakir : Soit, mais encore ?

J.G. : On n'en sortira pas tout de suite : on ne peut pas opérer un tournant à angle droit dans un véhicule aussi lourd, avec une pareille inertie, qui roule aussi vite. On n'abandonne pas instantanément l'agriculture productiviste… On ne quitte pas en claquant des doigts le nucléaire… On ne rase pas des maisons qui sont des passoires à calories… Mais on peut commencer tout de suite.

Fakir : Un point aveugle de ce projet politique, il me semble, c'est le « avec qui ? » Quand on lit les ouvrages d'économistes écologiques, Tim Jackson, Lester Brown, on a l'impression qu'ils se prennent pour des Premiers Ministres du Monde. Donc, oui, s'ils régnaient, ils réduiraient le taux de fécondité dans les pays du Sud, ils renforceraient les aides au développement, etc. Mais ils ne se posent aucune question sur les forces sociales, ils ne proposent aucune analyse de classe.

Or, l'écologie, ça a la cote dans la petite bourgeoisie intellectuelle – dont nous sommes. Mais ça apparaît souvent, pour les classes populaires, comme une contrainte supplémentaire, voire comme une menace sur les emplois ?

J.G. : Oui. Peut-être parce que je suis un ancien syndicaliste, ou parce que ma femme est sociologue, ça compte, mais je suis préoccupé, à peu près en permanence, par la question des alliances.

La première condition d'une conversion écologique, elle est sociale. Je vais prendre un exemple. Aujourd'hui, les dépenses d'énergie, c'est en moyenne de 15 % pour les 20 % de ménages les plus pauvres, contre 6 % pour les 20 % les plus riches. Donc, si la solution proposée, c'est d'augmenter le coût de l'essence, du gaz, de l'électricité, je le refuse – tout comme je me suis opposé à la taxe carbone : c'est encore un fardeau pour les foyers les plus modestes. Il faut d'abord une réforme fiscale d'ampleur, qui lisse les revenus.

De même, pour les ouvriers, la sauvegarde de l'environnement est souvent synonyme de risque, de casse industrielle. Évidemment, il y a des secteurs qu'il va falloir abandonner, mais il faut imposer comme impératif, comme préalable, comme absolu, la protection de l'emploi, la sécurité sociale et professionnelle, des droits à la formation, des offres de conversion – et pas à cent ou mille kilomètres de chez soi.

Et je soulignerais ça : l'écologie, au contraire, c'est une chance d'en finir avec le chômage de masse.

On peut, certes, et on doit le faire, diminuer le temps de travail. Mais surtout : la décroissance sélective créerait de l'emploi ! Car « produire plus propre et plus social », ça exige plus d'heures de travail. L'agriculture, par exemple, avec moins d'engrais, moins de pesticides, et des circuits courts, c'est un secteur qui recrutera. Tout comme le bâtiment, si on revoit l'isolation de tous les logements, etc.

Fakir : C'est beau sur le papier. Mais sur le terrain, je me répète, avec quelles forces sociales vous le faites advenir ?

J.G. : Près d'ici, dans le Nord, dans le bassin minier, il y a une petite commune qui s'appelle Loos en Gohelle, dirigée par un type qui s'appelle Jean-François Caron, un Vert. Il est petit-fils de mineur. C'est une ville sinistrée, avec un taux de chômage énorme, un environnement dégradé...

« L'ÉCOLOGIE, AU CONTRAIRE, C'EST UNE CHANCE D'EN FINIR AVEC LE CHÔMAGE DE MASSE. LA DÉCROISSANCE SÉLECTIVE CRÉERAIT DE L'EMPLOI ! »

Eh bien, ça fait vingt ans qu'il mène une politique écologique et sociale. Il est réélu avec des scores à faire pâlir d'envie les anciennes démocraties dites populaires. 80%. Un Vert, dans le domaine des socialistes et du Front national...

Pourquoi ? Parce que sa politique environnementale n'est pas perçue comme anti-sociale. À l'inverse, ses réformes apparaissent non seulement « acceptables » par les gens, mais désirables.

Fakir : Qu'est-ce qu'il fait, par exemple ?

J.G. : La réhabilitation thermique des logements. Et il commence par les foyers les plus modestes, pour qu'ils voient leurs factures d'électricité et d'eau diminuer, diviser par deux ou trois. Il donne la priorité aux logements sociaux. On fait ça, et si ça marche on voit si on a les moyens d'aller plus loin. Le « pouvoir d'achat » des gens augmente suite à des mesures écologiques !

Fakir : Quoi d'autre ?

J.G. : Ça fait quinze ans qu'il se bat pour récupérer du foncier péri-urbain, détenu par des agriculteurs productivistes, type FNSEA. Il vient, après un combat féroce, de récupérer des terres pour y installer des agriculteurs bios, maraîchers, AMAP, etc., avec l'idée de mettre du tarif social aussi.

Le combat politique, je ne le vois pas seulement comme l'affirmation de grands principes souhaitables mais comme la généralisation, le soutien, à ce qui naît dans les interstices du vieux monde. Parce qu'il n'y a que comme ça qu'on fait craquer un vieux monde, déjà au bord de la ruine, mais qui l'ignore.

LES GRANDS PROJETS

Fakir : Tout à l'heure, en arrivant, vous évoquiez votre grand stade. Mais il n'y a pas qu'ici. Chez nous, dans la Somme, c'est la ferme des « Mille vaches » -qui d'après son promoteur va « créer de l'emploi ». Et un projet qui concerne nos deux régions, c'est le canal Seine-Nord, dont le but est juste de faire passer des plus gros bateaux. Ailleurs, c'est le TGV Lyon-Turin, qui doit permettre d'aller plus vite entre la France et l'Italie, l'aéroport Notre-Dame des Landes pour accélérer le trafic aérien, etc.

C'est comme si, dans le discours officiel, on avait changé des mots, « développement durable », etc., mais dans la pratique, la bétonneuse tourne comme avant...

J.G. : Et pourtant, le cas de l'Espagne devrait nous inspirer. Parce que eux, ils ont foncé encore plus loin et plus vite que nous dans les grands projets inutiles, d'aéroports surdimensionnés, qui restent totalement vides.

Tenez, lisez cet article, dans *L'Obs*...

> Drôle d'aéroport ! On n'y croise ni hôtesses de l'air, ni passagers, ni bagages... La passerelle

qui doit le relier à la ligne de TGV Madrid-Séville flotte dans le vide, inachevée. Les 24 comptoirs d'enregistrement restent fermés pratiquement toute la journée. Les pistes sont vides. Seuls les faucons dressés pour décourager les autres oiseaux de passer au-dessus des infrastructures animent le ciel. La vie aéronautique ne reprend un peu ses droits que trois fois par semaine, en fin de journée, lorsque le vol de Ryanair en provenance de Londres, le seul pour l'instant, arrive et repart.

En Espagne, une vingtaine d'aéroports sont sous-fréquentés. Mais c'est aussi le n°2 mondial, derrière la Chine, en nombre de kilomètres de TGV, et le leader européen pour les autoroutes ! Le naufrage espagnol, c'est également la bulle de ces grands projets. Qui se sont faits, et se font toujours, au nom de l'emploi.

Cette invocation de l'emploi relève, consciemment ou non, d'un mensonge routinisé. Un mensonge que les sciences sociales devraient démonter. Or, aujourd'hui, l'économie remplit plutôt la fonction inverse : d'asseoir scientifiquement un mensonge.

LA BATAILLE DE L'ENSEIGNEMENT

Fakir : Ça nous ramène à votre parcours intellectuel. Vous avez publié toute une série de papiers dénonçant les liens des économistes dominants, les plus médiatiques, du Cercle des économistes notamment, avec les banques, les compagnies d'assurance, la finance. Comment vous êtes passé d'une remise en cause de l'économie à celle des économistes?

J.G. : Quand tu remets en cause des concepts aussi centraux que la productivité du travail et la croissance, quand tu considères ces dogmes comme des illusions, ça nourrit tes doutes sur l'ensemble de la profession qui surfe sur ces concepts.

Depuis les débuts, même comme marxiste, je fais partie des économistes hétérodoxes, j'appartiens à l'Association française d'économie politique. Économie et politique, donc une économie sans économisme, qui intègre les données de l'histoire, de la sociologie, de l'anthropologie, et qui ne se borne pas à une arithmétique.

Je ne suis pas seul, loin de là, nombre de collègues, l'école de la régulation par exemple, font partie de cet « anti-économisme ». Et on n'y vient pas tous par la critique du PIB. Il existe bien d'autres biais pour prendre ses distances avec l'individu rationnel, calculateur, qui fait ses choix en univers certain, et qui parvient à de grands équilibres. Ainsi, quant à l'environnement, d'après les néo-classiques, il suffirait d'intégrer les « externalités négatives », que les dommages collatéraux aient un coût, et alors le marché pourra fonctionner et donner l'optimum.

Fakir : Les droits à polluer, par exemple, ou la bourse carbone...

J.G. : Voilà. Nous sommes nombreux, même parmi les économistes, à dénoncer ces postulats, mais nous sommes dominés. Dominés dans les médias, évidemment, mais dominés également dans l'institution académique où ces gens-là sont parvenus à verrouiller leurs positions. Pas seulement, comme vous le signaliez, par des alliances avec les milieux d'affaires, avec les néo-libéraux des banques, mais aussi parce qu'ils ont établi des stratégies très efficaces pour cadenasser l'accès aux postes de professeur. L'Afep (Association française d'économie politique) a montré que 90 % des professeurs nominés appartiennent au courant dominant, c'est écrasant.

Ça peut sembler corporatiste, comme propos. Mais si on veut rouvrir le débat sur la croissance, ça passe par cette bataille, par desserrer cet étau également.

INTERMÈDE

Putsch écolo chez les métallos

DE : Patrick BERNARD <patrick.bernard@cgtisere.org>
À : François RUFFIN <francois@fakirpresse.info>

Objet : Débat sur la croissance

Salut, François.

Je reviens vers toi pour te solliciter car nous désirons réaliser à Grenoble un débat avec pour titre “la croissance est-elle la solution ?” Nous espérons faire grandir l’idée que nous avons besoin d’une mutation dans la CGT sur notre rapport à la productivité, bien sûr avec une réponse aux besoins sociaux mais réalisée dans un cadre écologique en coupure radicale avec le Capitalisme.

Voici les quatre dates proposées : le 6,8, 13 ou 15 Janvier 2015 de 14h à 17h !

Nous devrions avoir la présence du nouveau maire de Grenoble Éric Piolle, ainsi que celle de Philippe Martinez, le secrétaire général de la fédération métallurgie.

Merci à toi et bonne journée.

Amitiés,
Patrick.

Enfin ! j'ai pensé.

Car c'est mon dada en ce moment, et pour un bon moment : comment unir le rouge et le vert ? Comment lier, plutôt qu'opposer, justice sociale et exigence environnementale ? Quelles classes mettre en branle pour sortir, par le haut, du consumérisme / productivisme - sans une plongée dans le marasme et la misère ?

À Gardanne, des militants de SOS-forêts manifestent contre une centrale à bois, et contre la CGT de la boîte. Qui, elle, se frite avec la CGT-forêt du coin...

À Nantes, les patrons du bâtiment mobilisent leurs salariés dans la rue, avec des pancartes « Oui à l'aéroport ». En face, la CGT locale se divise : un dirigeant se prononce « pour tous les projets porteurs de développement économique et d'emplois » - tandis que se forme, en Loire-Atlantique, un « collectif CGT des opposants à Notre-Dame-des-Landes ».

À Roybon, des « zadistes » occupent les lieux du futur Center Parcs, mais les habitants, les maires, le président socialiste du Conseil général s'emportent au nom de l'emploi : « Va-t-on refuser comme ça 14 millions d'euros de masse salariale annuelle ? Mettre un boulet de plus à l'économie dans une région enclavée, en train de mourir, un canton qui compte 6 000 demandeurs d'emploi, où les gens regardent tomber les châtaignes ? »

Il y a là un nœud, à dénouer ou à trancher. À comprendre d'abord.

Et donc, enfin !

Enfin, la CGT, l'organisation la plus massive à

gauche, forcément traversée par des courants divers, voire contraires, qui à ce sujet ne sait pas quoi penser, et donc pense peu, ou tout bas, avec une inertie productiviste mâtinée de « développement humain durable », enfin la CGT ébrècherait ce dogme : la croissance.

Ce dogme qui ronge la planète, certes, une évidence, c'est en son nom qu'on fore des puits et qu'on vend des idioties, mais qui fait que, aussi, surtout, contre le chômage, on n'a rien essayé, car combien sont-ils maintenant ? 3,5 millions, officiellement, le double officieusement, et que fait-on ? Rien, on attend, on attend la croissance, comme les chrétiens jadis le retour du Christ-Roi.

Enfin se poseraient les vraies questions : que produire ? Où produire ? Comment produire ?

Je m'échauffais, dans mon bureau et auprès des copains.

Certes, ce n'était que dans l'Isère.

Certes, ça ne concernait que la métallurgie.

Mais il faut bien que l'incendie parte d'un point, et demain, qui sait ?, si on pousse à la roue, fort, très fort, très très fort, c'est un grand débat national que lancera le syndicat. Et ce serait, j'assénais en pseudo-gramsciste, un basculement majeur dans la bataille des idées, car à l' « écologie populaire », ou à « l'éco-socialisme », ou à appelez ça comme vous voudrez, on ne va pas convertir les masses moléculairement, individu par individu…

Je m'enflammais.

Il faut bien, des fois.

De ce débat, je vous livre des bribes :

Un repoussoir

Marc, délégué STMicroelectronics

Je voudrais souligner une schizophrénie qu'on vit, chez ST.

D'un côté, on est pour la croissance, on défend le développement de notre industrie, en Europe, en France, à Grenoble. Dans nos tracts, on réclame en permanence des investissements, des embauches.

De l'autre, plus rarement, mais on émet des critiques décroissantes, on intervient au Conseil général sur les risques des nanoparticules, on dénonce les puces RFID, on s'inquiète pour l'eau dans le bassin du Grésivaudan...

Mais au quotidien, dans nos actions, on reste pris dans les urgences productivistes. Alors qu'on connaît les autres urgences, climatiques, la pollution, les matières premières.

Là-dessus, la CGT est trop silencieuse, elle maintient une grande confiance dans le progrès technologique, elle ne parle pas fort. Sur Notre-Dame-des-Landes, on est à la rue, on ne dit rien sur le barrage de Sivens. Et là, moi je vois autour de moi des salariés très engagés dans l'écologie, avec qui on discute, mais qui nous regardent comme un repoussoir. Pour eux, nous n'avons pas changé, nous sommes comme avant, des productivistes. On loupe de bons militants, qui nous perçoivent comme étant « dans l'autre camp ».

La fin du « toujours plus »

René Fontaine, retraité d'EDF-GDF

C'est bien que nous ayons, aujourd'hui, ce regard critique, parce que le syndicalisme s'est constitué au fil de la société productiviste, consumériste, de croissance, et il a rempli un rôle important : partager. Mais de plus en plus, au sein de notre groupe, on est amenés à se re-questionner, on y est obligés par exemple par la raréfaction des ressources.

Ça ne peut pas être « toujours plus », il faut continuer à agir pour une plus juste répartition, c'est certain, mais nous devons défricher de nouvelles pistes.

Une tonne de fric

Laurent, CGT , chercheur à la fac

Dans notre « écosystème de l'innovation », puisqu'on appelle ça comme ça, on mobilise la recherche publique, l'Université, pour STMicroelectronics et d'autres boîtes, mais sans réponse à des besoins réels. Et pour des entreprises qui, en plus, ne développent même pas la production ici, qui vont pour ça en Asie !

Dans nos syndicats, on se sent aspirés dans ce système. Les copains voient bien que ça pose des questions sur le sens du travail. Moi je suis à Minatech, on a des moyens énormes de l'Université mis au service de STMicroelectronics, alors qu'on balance une tonne de fric là-dedans, alors que d'autres labos à Grenoble, qui ne sont pas au service de l'industrie, ont des moyens en chute libre.

Le double leurre

Éric Piolle, maire de Grenoble

Il y a un double leurre : d'un côté, celui de la croissance, de l'autre celui du chômage.

Dans les années 1980, on nous expliquait qu'il fallait 4 % de croissance pour que tout aille mieux, puisqu'on était à environ 1,7 %. Dans les années 1990, c'est devenu 2,5 %, et on nous promettait que tout s'améliorerait. Et donc maintenant, nouvelle étape, on devrait être à 0,3 %, ça va, on s'en sort, -0,1 % ça serait la récession, la catastrophe, mais ce qu'il nous faudrait, c'est atteindre 1 %, c'est le nouveau seuil mythique.

Le projet du PS de 2012, lui, il était fondé sur ce pari : 1,8 % en 2013, 2 % en 2014, 2,3 % en 2015, 2,5 % en 2016... Là, avec le PIB, on vit dans une complète fiction, déconnectée de la vie réelle et des enjeux pour l'avenir. À la place, on devrait choisir d'autres indices : par exemple, l'espérance de vie en bonne santé a reculé, en France, depuis 2006, donc depuis une décennie. L'espérance de vie tout court diminue, en Allemagne, pour les 20 % les plus pauvres.

Donc, premier leurre.

Le deuxième, c'est le sous-emploi. 3,5 millions de chômeurs, et c'est dramatique. Mais qu'on y ajoute les départements d'outre-mer, les catégories B et C, les D et E, qui sont cachés parce qu'on leur file un stage, les bénéficiaires du RSA sans activité, les jeunes suivis dans les missions locales, vous êtes au-delà des sept millions. Dans l'autre sens, décomposons la population active : 28 millions d'actifs, mais vous enlevez les 5,5 millions de fonctionnaires et de précaires, parce que l'État ne compte pas embaucher. Vous soustrayez les deux millions de professions libérales, avec des numerus clausus. Il reste vingt millions de salariés du privé, mais il y a encore un petit million qui ne vit que de la dépense publique, les enseignants du privé, tous les travaux publics, ceux qui sont à ma porte tous les jours pour demander du boulot. Et puis vous ôtez, enfin, évidemment, les six millions d'inscrits à Pole emploi et vous arrivez entre 14 et 15 millions de salariés du privé.

Et c'est dans cet espace-là qu'on espère résoudre le chômage ! Donc, on a sept millions de sous-employés qu'on espère faire rentrer dans ces 14 millions, et tout ça grâce à la simple croissance, de 0,7 ou 1 ou même 1,5 % ! Ce double leurre est franchement paralysant.

Maîtrise industrielle

Philippe Martinez,
alors secrétaire de la fédération métallurgie

Avec quels outils va-t-on mener la transition écologique ?

Quand on laisse vendre une entreprise comme Alstom, qui ne fait pas rien quand même, qui fait de l'énergie et des transports ! On la laisse vendre, dans des conditions scandaleuses, à l'entreprise américaine General Electric. Et le gouvernement de gauche, Montebourg, a laissé faire ça, Macron s'est occupé personnellement du dossier quand il était à l'Élysée... Après ça, on peut toujours parler de « bataille pour l'environnement », mais les moyens industriels nous échappent, on n'a plus de maîtrise publique de l'énergie et du transport !

La semaine dernière, je me trouvais à Lorient, dans un chantier naval qui risque de fermer à cause, toujours, de la rentabilité financière. Et vous savez quelle est leur spécialité ? C'est les bateaux électriques. Est-ce qu'aujourd'hui, pour la navigation fluviale, on n'a pas besoin de barges électriques ? Est-ce qu'on doit fermer cette piste ? Laisser disparaître un potentiel ?

Ce qui doit nous guider, c'est la réponse aux besoins.

C'est pour ça, quand je vois, près d'ici, à Voiron, Thalès qui se retire d'une usine de matériel médical, pour cause de rentabilité toujours, ah bon ? parce que nos hôpitaux, nos médecins, nos malades, n'ont pas besoin de machines pour mesurer la tension ?

DES ROUGES OUVERTS

« Mais alors, comment ça vous est venu, l'idée de ce débat ? »

Au cinquième étage de la Bourse du Travail, à Grenoble, sur les tables en formica et dans des assiettes en plastique, on se tartine des sandwiches de pâté. Sauf Fabrice, jeune délégué CGT de Soitec, surnommé « la carotte » parce que végétarien.

C'est lui qui a présenté le rapport d'orientation, très orienté. D'emblée, à « la croissance est-elle la solution ? », il a tué tout suspense : sa réponse fut non, dix fois non, dénonçant « le dogme de la croissance et du productivisme », pointant les secteurs, transports, énergies, agriculture, qui recruteraient massivement avec la transition écologique, présentant le graphique qui nous est cher, comme quoi au-delà de 15 000 $ par habitant et par an le bien être ne progresse plus, etc.

Dans le brouhaha, Fabrice m'offre une tranche d'autobio :

« Quand j'étais étudiant, je militais à Greenpeace, et je m'exprime beaucoup, je ne suis pas du genre à mettre mon drapeau vert dans ma poche. Alors, à l'USTM, moi je titillais pas mal Patrick sur la décroissance, lui c'est plutôt le "rouge", et ça ne le convainquait pas. Mais c'est quelqu'un de super-ouvert. Et là, c'est marrant que tu sois là, parce qu'en fait c'est parti de *Fakir*, j'ai découvert Jean Gadrey dans *Fakir*...

— Dans *Fakir* !?! »

(Je suis comme ça, je vais pas le cacher, plus que surpris, ému, ému et fier que notre feuille de chou, bricolée à Amiens, avec les moyens du bord, ce fanzine intello, soit lu, déjà c'est insolite, mais qu'en plus il change des choses, des petites choses, dans la conscience de gens, qu'il engendre des effets, même limités, sur le réel, c'est un miracle à n'y pas croire : on sert peut-être à quelque chose.)

« Dans *Fakir* !?!

— Ouais, et j'ai lu son livre, *Adieu à la croissance*, et tu vois ici y a une bibliothèque... »

Non, je n'avais pas vu.

J'avais surtout repéré l'autre armoire, d'où Patrick sort le pastis, les bières, la bibine – et le décapsuleur CGT qui entonne *L'Internationale* à chaque cannette...

« ... tu amènes tes livres, tu les recommandes. Et donc Patrick a lu le bouquin de Gadrey, et après il en a acheté dix, il les a balancés aux membres du bureau, il en a même distribué au national.

Pour nous, le but, clairement, c'est de faire porter ça dans la CGT, jusqu'au sommet. »

SENS DU TRAVAIL

Pour ce putsch écolo chez les métallos, Fabrice n'a pas œuvré seul.

À ses côtés, Yohann, technicien chimiste chez Radiall, même pas trente ans, lecteur de Jean-Claude Michéa, syndiqué depuis à peine un an et déjà promu au bureau de l'Union Métallo 38.

Et la volubile Marie-Laure, la quarantaine, ouvrière passée technicienne chez STMicroelectronics : « On a besoin de l'industrie, là vous avez un stylo, une chaise, quatre murs, tout ça c'est de l'industrie, de la plasturgie, de la chimie, on en a besoin. Mais c'est certain qu'on fonce dans le mur, il faut qu'on s'arrête.

« Et puis moi, ça me ramène au partage du temps de travail : on ne peut pas continuer non plus avec des gens qui travaillent trop, et d'autres pas du tout. Là, je ne comprends pas, ils vont augmenter le temps de travail pour réduire le chômage ! J'aime bien les maths, mais là ils vont devoir m'expliquer longtemps. Une vraie décroissance, ça passe par diminuer la durée du travail.

« Et puis aussi, je crois, par lui rendre un sens, au travail : pour quoi je travaille ? Je suis entourée d'ingénieurs, de thésards, de docteurs, qui ne savent pas à quoi ils servent. Ils ont un bon boulot, un bon salaire, ils sont contents, mais je suis souvent interpelée là-dessus : “on n’a pas fait toutes ces études pour ça”. »

SAUVÉ PAR L’USINE

Et surtout, surtout, Patrick, qui gueule là « Du Bourgogne, ça vous va ? Passe la carafe, steu plait... » si fort que mon dictaphone sature, lui qui dans son bureau a installé une petite biblio et un coin bistro, qui te sert un whisky sans glaçon en citant Accardo, et qui essaie de tenir en équilibre, comme ça, entre les deux, entre la réflexion et l’action, entre une aspiration un peu intello et sa base prolo – jamais oubliée, jamais abandonnée : « Tu serais venu ce matin, avec moi, dans la petit boîte, t’aurais vu le... comment dire sans être euh... tout ce qu’on a débattu là, eux ils sont à dix kilomètres, et encore je suis gentil... Y a pas de réflexion... Et nous, à l’USTM, on veut qu’il y ait des prises de conscience...

— Mais de quoi ça te vient, toi ?

— Ouh la la, j’ai pas une éducation poussée, moi, il a fallu que je rattrape... J’écoute beaucoup France Culture.

— Mais comment t’as commencé ?

— Ce qui m’a sauvé, c’est l’usine. J’étais tailleur de pierre, il fallait faire quelque chose après la 5e pour éviter la prison, et donc j’ai fait le tailleur, mais la vie chez un artisan, c’est “oui maître”, encore maintenant, alors j’ai quitté l’artisanat et l’usine Ascométal, ça m’a sauvé la vie. Je suis tombé sur ce gars-là, un délégué CGT, tiens d'ailleurs c'est marrant parce que maintenant son fils colle avec moi. Bref, je suis tombé dans le syndicat CGT, et oui, ça m'a sauvé la vie. En termes culturels.

« Je me souviens, moi, quand j'écoutais mon patron pour la première fois, qui nous montrait ses transparents, ses machins, j'étais là "putain ouais il a raison", tout seul dans ma tête. Il a fini de parler, et là, son père, et le délégué syndical de l'époque, Roger Jeannot, ils ont pris la parole, ils avaient fait l'école du Parti, ils avaient étudié Marx et tout, et eux, quand je les ai écoutés, je me suis dit "putain, qu'est-ce que je suis con alors !" (Rires.) Je n'ai pas de honte à le dire. Je me serais fait endormir par le patron, et ça m'a réveillé. Et maintenant, nous on a des jeunes, ils ont pas les armes, ils vont se faire endormir...

— Et comment tu t'es converti à l'écologie ?

— Parce qu'en fait, j'habite la montagne, je suis un amoureux de la montagne, et je la vois sans neige en hiver, et ça me traumatise. Chez moi, j'habite à 800 mètres d'altitude, j'ai plus de neige. On est quoi ? Le 8 janvier. C'est la première fois de ma vie que je ne vois pas de neige le 8 janvier. Je suis pas un accro au ski, mais j'aime la montagne, avec les quatre décors, le printemps, l'été, l'automne, l'hiver, et là ils n'existent plus. Alors, on peut toujours dire "c'est pas dû à la pollution", "c'est pas dû à l'action humaine", n'empêche, les anciens, quand tu discutes avec les vieux, ils n'ont jamais vu une détérioration aussi rapide.

— Mais comment ça s'est traduit idéologiquement ?

— Pfff. Tu creuses, et tu lis, ce que j'essaie de

faire, les livres d'Hervé Kempf, il en a fait trois... Et puis André Gorz, aussi, j'avais bien aimé d'ailleurs. On avait lu aussi, on se l'était partagé, Dominique Méda. Le journal *La Décroissance*, un peu, mais les décroissants intégraux, quand ils te disent qu'ils sont contre le divorce, pour des raisons écologiques, ouais, d'accord, ça utilise deux logements, la lumière, mais bon, euh, tu vas pas rester avec une femme pour économiser la lumière ! »

Que je l'avoue ici : j'aime Patrick.

Je voudrais cloner Patrick.

S'il divorce, je me ferai pédé et on économisera de la lumière ensemble !

Je sors bienheureux, en titubant peut-être, pas trop dans la décroissance éthylique.

« Eh, Fabrice, Jean Gadrey, c'est un peu ton héros, non ?

— Héros je sais pas mais oui, il m'a beaucoup inspiré.

Tu voudrais faire des selfies avec lui ?

— Peut-être pas...

— Enfin, si on allait le rencontrer à Lille...

— Ah ouais, quand tu veux. »

Deuxième entretien

Vive le plan (populaire) !

Fakir : Fabrice, tu pourrais peut-être présenter ton cas...

Fabrice Lallement : Je suis ingénieur, j'ai fait ma thèse à STMicroelectronics, mais en même temps j'ai adhéré à Greenpeace. J'ai adhéré parce qu'il y a une jolie nana qui m'a abordé dans la rue, elle a commencé comme ça l'histoire ! Moi, je suis végétarien, je circule à vélo, mais c'est vrai que je ne suis pas à l'aise avec mon activité professionnelle, avec sa finalité. Soitec fabrique des semi-conducteurs, des plaquettes de silicium, que vont utiliser Samsung ou Intel. Donc, je participe à l'industrie des gadgets.

Mais il m'est déjà arrivé pire. Mon chef voulait me confier un projet pour l'armement américain, une boîte qui était en lien avec Israël et tout ça. Je suis allé le voir dans son bureau : "Moi, je ne veux pas bosser là-dessus." Mais en sachant très bien, c'était hypocrite, que si moi je bottais en touche, la collègue d'à côté, elle accepterait. Il aurait mieux valu que je prenne le projet et que je le plante, volontairement, que je le sabote. Mais je n'en suis pas là.

En même temps, je suis dans une boîte qui a viré un tiers de l'effectif, on est descendus de 1200 à 800 salariés, donc, au quotidien, je suis pris dans ce travail syndical, la bagarre de l'emploi. Quand je suis arrivé, ça s'est un peu frité avec la déléguée syndicale, qui faisait ça à l'ancienne, mais maintenant on forme une super-équipe, on est passés de trois syndiqués à plus de cent. On a mené deux grosses grèves, deux fois une semaine, sur les salaires et les conditions de travail, donc les bases. Mais c'est toute la difficulté d'un syndicat de boîte : comment ne pas arrêter tes revendications au portail ? En CE, je pose la question de la finalité de l'entreprise : la direction me prend pour un Martien. Tu pisses dans un violon.

Mon « cas », comme tu dis, il est représentatif d'un milieu. Quand je discute avec des copains, thésards, à bac +8, je leur dis : « Tu te rends comptes ? Si on utilisait notre cerveau à aller vers quelque chose d'utile, l'économie soutenable, etc. Mais la perdition de neurones qu'on a à travailler sur le dernier i Phone... » Aujourd'hui, à Grenoble, le mot magique, c'est « innovant », il suffit que tu dises : « J'ai une idée, j'vais faire de l'innovation », tu peux aller choper des crédits. C'est un grand fourre-tout.

Fakir : Pour rebondir sur ce témoignage, Jean, je voudrais te poser une question qu'on n'a pas traitée la première fois, c'est la planification, et d'abord, ici, la planification de la recherche. Là, dans le parcours de Fabrice, dans celui de ses collègues, on voit que l'Université forme des pointures, mais

“QUELLE ENTREPRISE VA FINANCER,
UN TÉLÉPHONE QUI DURERAIT
VINGT ANS ? AUCUNE.”

qu'ils sont à la fin livrés au marché, à la libre entreprise, affectés à perfectionner des babioles... Est-ce que, contre ça, l'État ne devrait pas dresser un plan ?

Jean Gadrey : Je vais évoquer un autre domaine. Pourquoi le bio, en France, s'est si peu développé ? Parce que, pendant des décennies, l'INRA, l'Institut national de recherche agronomique, une puissante institution, a mis le paquet sur les solutions productivistes, chimiques, industrielles. Selon mes chiffres, il y a cinq ans, seuls 3 % des chercheurs et des personnels de l'INRA (Institut national de la recherche agronomique) travaillaient sur la biologie végétale orientée vers l'agro-écologie.

Fakir : Donc, tu présentes un point noir de la planification...

J.G : De même, dans les recherches en énergie, 90 % des crédits allaient vers le nucléaire.

Fakir : Autre point noir.

J.G : Oui et non. C'est une époque passée, et la planification en reflétait les valeurs dominantes, les valeurs des classes dominantes. Mais ça ne veut pas dire que l'outil soit à jeter : une autre planification, aujourd'hui, changerait peut-être les priorités...

De toute façon, on ne peut pas laisser les entreprises orienter la recherche, c'est-à-dire décider de l'avenir, comme elles le font aujourd'hui, par le financement des thèses, par les liens avec les labos, par le recrutement de doctorants. Or, quelle entreprise va financer, par exemple, un téléphone qui durerait vingt ans ? Aucune. Et des produits dont l'obsolescence ne serait pas programmée pour trois ans ? C'est un besoin, pourtant.

LES BESOINS, QUELS BESOINS ?

F.L. : Ça, les besoins, c'est au cœur du discours de la CGT. Avec le service public.

J.G. : Oui, d'ailleurs, je me suis frité avec des copains, l'an dernier, à l'Espace Marx. C'était un débat autour de : « Qu'est-ce que la précarité énergétique ? », et il y avait là un responsable CGT de l'énergie. Et ils répétaient, « les besoins ! les besoins ! les besoins ! », le thème qu'ils mettaient en avant, c'est la précarité énergétique. « Vous vous rendez compte, ils disaient, d'après la fondation abbé Pierre, il y a sept ou huit millions, de personnes en situation de précarité énergétique, en France. Donc, c'est pas le moment de relâcher sur la production d'énergie ! Et comme il y a l'enjeu climatique, le mieux c'est le nucléaire, mais un nucléaire 100 % service public, repris en main, et donc sécurisé. » Moi, j'ai envie de réfléchir avec eux : oui, il y a des besoins. Oui, il y a des inégalités dans l'accès à l'énergie. Mais pour autant, est-ce que la réponse c'est forcément plus de KiloWatt/heure ? Réduire la précarité, est-ce que ça passe par le produire plus, ou par le répartir mieux ?

Fakir : : Ça me rappelle un échange à Gardanne, près de Marseille, avec des syndicalistes. Eux m'expliquaient que leur centrale thermique répondait à des « besoins », qu'elle servait d'appoint au nucléaire dans les pics de consommation. Avant, ça tournait surtout l'hiver, pour le chauffage, mais maintenant ça fonctionne aussi l'été avec la clim', un « besoin » nouveau. Tu vois ce que je veux dire? La justification par le besoin...

J.G. : Elle peut conduire à la démesure.

Fakir : Voilà !

J.G. : Ça réclame pas une réflexion sur « C'est quoi un besoin, de bien-vivre, sur une planète préservée et avec le plus d'égalité possible ? »

F.L. : Moi je suis tout à fait d'accord. Et dans le mail que j'ai envoyé à la CGT, j'ai insisté là-dessus : « C'est quoi le besoin ? », « Comment est-ce qu'on définit le besoin? »

J.G. : Si je reprends la précarité énergétique, est-ce que des investissements massifs dans l'isolation, une politique publique qui miserait là-dessus, en particulier vers les foyers les moins aisés, et qui permettrait de réduire leurs factures d'électricité par deux, est-ce que ça ne vaudrait pas mieux que multiplier les centrales ? Mais attention, l'enjeu des emplois, qui seront menacés par une véritable transition écologique, cet enjeu-là est crucial. Il ne doit pas être sous-estimé. Et il faut assurer à ces personnels que leurs qualifications, leurs salaires seront maintenus, et sur leur territoire. Comme le revendiquent les syndicats en Grande-Bretagne, il faudrait créer un National Climate Service, comparable au National Health Service, qui garantisse des reconversions sur place. Sans ça, l'écologie apparaîtra toujours punitive.

DÉMOCRATIE / EXPERTOCRATIE

Fakir : Ça me ramène, je suis désolé, à la planification. Parce que, quand tu dis « une politique publique », « des investissements massifs », « un National Climate Service », ça suppose des priorités, des objectifs, des moyens, et donc un plan.

J'habite d'Amiens, et donc j'ai souvent débattu autour de Goodyear, invité par des écolos, qui trouvaient parfois très bien la fermeture de l'usine. Je leur rappelais, d'abord, qu'il s'agissait d'une délocalisation, et non pas d'une baisse de la production/consommation du pneumatique. Les pneus seraient produits ailleurs, en Pologne, dans des conditions environnementales pires qu'en Picardie (sans parler des dumpings social et fiscal). Ça, c'était mon premier mode de réponse. J'ajoutais ensuite que si on va vers une baisse de la consommation de pneumatique, si ça paraît souhaitable, si on veut ça, il y aura donc une diminution du temps de travail. Et c'est très bien pour les salariés, au fond. Mais alors, il ne faut pas laisser les financiers faire ce boulot, qui devient du sale boulot – avec une réduction contrainte du temps de travail, par le chômage. À la place, la collectivité doit avoir un plan, le proposer aux syndicats, aux ouvriers, en disant : « Dans dix ans, voilà comment on imagine le secteur... »

J.G. : Si on veut penser à l'avenir, à trente, quarante, cinquante ans, voire un siècle, compte tenu des enjeux, pas seulement écologiques d'ailleurs, sociaux également, on a besoin de planification. Après on peut discuter du mot. Mais on a besoin d'une stratégie à long terme. Lutter contre le changement climatique, ça passe forcément par une planification, qui va contre un marché court-termiste, de plus en plus dans l'immédiateté. Contre une course à une croissance aveugle, qu'importe ce qu'on produit, qu'importe ce qu'on consomme.

Maintenant, si le « plan » ne soulève pas l'enthousiasme, c'est pas seulement à cause de l'URSS, parce que « la planification à la française », après-guerre, avec ses faiblesses, mais aussi avec sa grandeur, a échappé au contrôle démocratique. C'était porté par les grands corps de l'État, pas forcément de la ploutocratie mais plutôt de la technocratie, de l'expertocratie, réservée à une élite. Et un demi-siècle plus tard, leurs décisions, leurs orientations, posent aussi des problèmes : pour se dégager du nucléaire, notamment.

Donc, planification, je ne suis pas hostile à ce concept, ça me paraît nécessaire, mais pour le remettre en selle, il faut également en changer le coeur. Que ce ne soit plus un paravent pour des pouvoirs publics, limités à une toute petite élite décisionnaire, qui se croyait investie de la capacité de décider du bien du peuple pour les décennies suivantes...

Fakir : Il faudrait inventer une « planification populaire » ?

J.G. : Oui, qui passe par une véritable démocratie.

Pour aller plus loin:

Adieu à la croissance, Jean Gadrey,
Éditions Alternatives économiques, 2012.

Les nouveaux indicateurs de richesse, Jean Gadrey et Florence Jany-Catrice, Éditions la Découverte, 2012.

Et surtout son blog, à mettre d'urgence parmi vos favoris :
www.alternatives-economiques.fr/blogs/gadrey/

Ours

Un ouvrage ne peut exister sans, derrière l'auteur, le travail de toute une équipe. Et dans le cas des Éditions Fakir, le travail d'une équipe largement bénévole.

Voici donc les petites mains de l'ombre :

Coordination : Catherine Guénard
Maquette : Nathalie Poux
Mise en page : Ludovic Rio
Typographie de couverture : Rémi Farnos
Propagande : Sylvain Laporte
Logistique : Johanna Silva
Mise en carton : Magalie Crevel
Relecture : Vincent Bernardet, Grégoire Gillion et Baptiste Lefevre
Comptabilité : Françoise Maréchal
Aux commandes : Joël, Stéphane, Danielle, Sibylle
Sous la présidence lumineuse de Fabian Lemaire,
avec l'accompagnement souriant de Cécile Hautière,
et avec le secours des milliers de travailleurs clandestins qui rament dans nos soutes.

Achevé d'imprimer
en mars 2016
sur les pressesde la Sepec
1, rue Prony
01960 Péronnas

pour le compte de
Fakir Éditions
4, rue Blanquetaque
80 000 Amiens

www.fakirpresse.info
contact@fakirpresse.info

Diffusion-distribution
en France et en Belgique
Les Belles Lettres — BLDD
25, rue du général Leclerc
94270 Le Kremlin-Bicêtre

Dépôt légal : 4e trimestre 2015
Bibliothèque nationale de France
ISBN : 978-2-36921-011-5
Prix : 4 euros

IMPRIM'VERT®